系列图书 鉴往知来

真理的确认

蔡和森的三封书信品读

陈培永　田杨

编著

C/S 湖南人民出版社·长沙

总　序

　　摆在读者面前的这套"鉴往知来"系列图书，力求使近代以来中国思想史上的经典学术作品重装呈现，让这些作品与我们的时代、我们的社会、我们的生活亲密接触。作为总序，我想写三句话给读者也给自己以交代。

　　所选确为佳作。这套书首先是经典作品推介，担负着为今天的读者荐文鉴书的重任。它选取的是中国近现代思想史上的名家名作，这些作品有可能众所周知，有可能被偶尔提及，有可能很多人只知其一，有可能想看却无从查阅。我们要做经典作品整理的工作，用系列图书的方式将它们整合起来。入选的作品，得是值得典藏的、可读性强的或者是影响历史走向的名作，是有特定时代标记但又超越那个时代在今天依然值得阅读的力作，是短小精湛、以小博大而非大部头的佳作。

所写皆要可读。在每部作品前面，附上一万字左右的品读文字，什么样的解读才配得上即将出场的作品？这个问题我想了很久，总体的考量是：围绕一个主题、一个框架展开；对原文重要段落、核心观点进行深度解读；写我们这个时代的事，拉近历史、思想与现实的距离；文风真诚简约，不写大话空论，避免过度诗情画意。我希望的是，立足当下，以往为鉴，写给未来，借由短段、金句、精读、感悟，以清新之文风写时代之话语，写出围绕经典又能脱离经典可以独立阅读的作品，如果能打造出写经典的经典，就再好不过了。

所期能够长久。这套书应该有多少本？这个事情能否成为事业？还没有答案。我是有私心的，想通过做这套书，逼着自己去阅读尽可能多的名家作品，在与它们的对话中进一步夯实自己的学术地基。因此，这套书是为了学术理想而做，是为了让自己的学问能够持续下去而写。以学术为志业，都应该有学术理想，只不过学术理想不是想有就能有的，往往是在坚持不懈的学术创作中渐渐生成、逐步实现的。我希望通过出版社和自己以及团队的努力，让这套书持续做下去，在自己的书柜上占据越来越大的地方。

盼望有越来越多的读者愿意选择这套书来读，将它们摆在案头、放在床边、带在出差的飞机或火车上、翻阅在舒服的沙发里……这才是这套书持续做下去的不竭动力。

文字虽少，写我衷心。是为序。

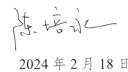

2024 年 2 月 18 日

目录

品读

原文

学会的四种运动：

赠蔡林同志之资料。

和森兄千并兄谨耕在法诸穷友：

接到二兄名函，欣慰无逾。学会有其远的计划，算将蒙递同光告讯及二兄题陆封信约。弟於学会研究，抱有绝大希望，因之起略有一点计划，久思草其计划寄提出会友之前，以资商榷。幸将二兄名信，我的计划将可以不指了。我只看得我们打了十几個會友，對於二兄信上的計，人人下一徹详密而發愿，随面下一個深切的批评，以决定或發成，或反對，而族二兄信上所有計劃和弟之外，再有別的計劃和發思。我常覺得我們個人的發展西學會的發屏，總要有一種網絡的路徑，即為我們個人是宜通，學會也只是宜通，結果措踏了各人自己之外，又措踏了這個希望佳用網絡的路發，各備人只是宜通，學會也就有一些計劃這個學會之能踏了這個有希望的學訂，最不可惜，原來我們在没有這個學會之先，也就有一些計劃研究的結果。同時於共同生活，共同進取，相成功了一種共同的意卽，於備人思想的改造生活的向上，最有影響。學會趣遊以後，但因爲没有提出具備方案原年前一些人互相討論的端圈，並且兩年來會員又因黨政治上的隙係不能聚會討論；所以雖然有些計劃素和遭思，依然只隱於各人的心界，或幾人相背出之於各人的口裏

；或彼此通信見之於各人的信裏；總之只存於一部分的會友間而已。現在諸君既有蕭達解尼的大集
會，商決了一個共同的主義。二兄又本乎自己的理想和觀察，發表了個人的意見；我們不在法國的會
員，對於諸君所提出當然要有一種研究，批評，和決定。除因在各種方面資料，即欲開會為共同的
研究，批評，和決定外，先逮我個人對於二兄來信的意見如左。

現在分條說來。

（一）學會方針問題。我們學會到底拿一種甚麼方針做我們共同的目標呢？予非信條派建解尼會
議，對於學習進行之方針，說：「大家決定釋德行之方針在故意中國與世界。」以「改造中國
與世界」為學習方針，正與我半日的主張相合，而且我料到各與多數會友的主張相合的。以我
的接洽和觀察，我們少數的會友，都傾向於世界主義，多數人類愛型國；多數人類謀一部
分一同家的私利，而總卻人類全體的幸福的事；多數人都得得自己是人類的一員，而不願謀更
接的諒屬於狹意義的某一國家，某一家庭，或某一宗教；就可以知道了。這種征
異主義，就是四海同胞主義，就是國際主義，都是不應該要自己好些願應到人好的主義。凡
是就會主義，都是國際的，都是國際的色彩的。和森在八月十三日的信裏說：「我
著提一輾明確的提讀者，注重無產階級與政與國際色彩兩點。因我所見商明一點的青年，多帶

（二七）

一點中產階級的眼光和國際的色彩，於此兩點，非嚴正主張不可。

下條討論外，國際色彩一點，現在確有將危險牽標揭出來的必要。除無產階級專政一點於於

，為做事便利起見，又因為中國比較世界各進為更動盪腐敗思先從此看于改造起見，當然願在──熟我們生在中國境方的人

中國這一塊地方做事；但是感情愛是普遍的，不要只愛這一塊地方而不愛別的地方。這是一

層。做事又並不限定在中國，我以為固應該有人在中國做事，更應該有人在世界做事，如幫助

俄國完成他的社會革命；幫助朝鮮獨立；幫助南洋獨立；幫助蒙古、新疆、青海、西藏、自治自

決；都是與我關的。以下說方法問題。

（二）方法問題。目的──改造中國與世界──定好了，接著發生的是方法問題，我們對應用甚麼方

法去達到、改造中國與世界的目的呢？　和蕭子昇說，「我現認清行社會主義為改造中國與世界的方法」。和蔡又說：「我以為現世界不能行

無政府主義，因在現世界顯然有甫償擾亂的階級存在，打倒有產階級的途徑多，非以無產階級

的專政不能為功。俄國就是個明證，所以我對於中國群眾的改造，以謀充分適用社會主義

的原理與方法。……我以為先要組織共產黨，因為他是革命運動的發動者，是領袖，先鋒隊

，作戰部。……此知萬的意見，以及應用俄國式的方法去達到改造中國與世界，是猶成馬克斯的

〔二九〕

方法的。面子昇則說：「世界進化是無窮期的，革命也是無窮期的，我們不能可以一部分的犧牲，換多數人的福利。主張溫和的革命，以教育爲工具的革命，爲人民謀全體福利的革命，以工會合胜爲實行改革之方法。順不管採式——馬克思式——革命爲正當，而傾向於無政府蒲得衣式——之新式革命，比較和而緩，緩緩然和。

李說：「於今改造，我不贊成籠統的改造，用分工協助的方法。同時李和筆兄來信，主張與子昇相同，我覺得很好。一個社會的病，自有他的特別的背影，一劑藥方可愈天下人的病，我很懷疑。俄國共產主義的革命流血，我根本上有未敢贊同之點。我對子昇和筆兩人的意見，意與子昇及和筆同，主張共產主義，但反對勢力尚偃不到。羅素在長沙演說，開宜用教育的方法使之普及和融和，與觀戰爭，有兩句）在真理上尚贊成的，但在事實上總嫌過低不到。與容等有盧隔斷較俗，不至要訪尋自由，評語：就是「理論上說得通，邪實上做不到」。羅素和子昇和筆主張的要點（是用教育的方法），但教育一要有破，二要有人，三要有機關。現在世界，誰能在資本家手裏，主持教育的人盡是一些資本家，處資本家的奴隸會現在世界的學校及報館兩種培養氣氛要的教育機關，又靠在資本家的掌握中。

總言之，現在世界的教育，是一種資本主義的教育。以資本主義教兒童，這些兒

真理的确认

有的观点是写文章写出来的，有的观点是写信写出来的。千万不能小看书信，在信中可能会有重磅观点，甚至会有改变人一生的主张。

我们要说的，是蔡和森在法国写的三封书信，是写给毛泽东、写给陈独秀的信。给毛泽东的两封信，分别写于 1920 年 8 月 13 日和 1920 年 9 月 16 日，给陈独秀的信则写于 1921 年 2 月 21 日。

这三封信不是一般的信，在信中蔡和森确认了马克思主义是救国救民的真理，阐明了自己的马克思主义观，表达了对马克思主义革命理论的完全认同，认识到社会主义是改造世界、改造中国的对症之方，并且最早提出"明目张胆正式成立一个中国共产党"。

毛泽东对蔡和森1920年9月16日的来信，表示"没有一个字不赞成"，陈独秀更是将蔡和森的来信与自己的回信，以《马克思学说与中国无产阶级》为题公开发表在《新青年》上。

作为中国共产党早期卓越的马克思主义理论家，中国共产党的重要创始人之一，蔡和森为何自称"极端马克思派"？他是如何理解马克思主义的？又是如何理解社会革命理论的？今天我们依然有必要与之对话，深刻理解这位理论家的所思所想及其现实镜鉴。

一、为何称自己为"极端马克思派"？

我们一般会用马克思主义者表明自己的立场，表达对马克思主义的坚定信仰。在给陈独秀的信中，蔡和森不仅表明自己是马克思派，还突出强调"极端"二字，说自己是"极端马克思派"。

这源于当时关于社会主义的一场论战。1920年 11 月，张东荪发表《由内地旅行而得之又一教训》一文，提出"救中国只有一条路"，"就是增加富力"，而不是搞"甚么社会主义"。文章发表后立即引起了陈独秀的注意，他在《新青年》上开设了"关于社会主义的讨论"专栏，并撰文回应，中国不能发展资本主义、走资本主义道路，只能走社会主义道路。远在法国的蔡和森关注到这场论战，并致信陈独秀：

独秀先生：闻公主张社会主义而张东荪欢迎资本主义，两方驳论未得而见，殊以为憾。和森为极端马克思派，极端主张：

唯物史观

阶级战争

无产阶级专政

敢于标榜自己为"极端"的，一定是在某方面特别有造诣、有舍我其谁之自信的人。蔡和森在当时确实已经是这样的人。当国内趋新的知识群体尚在各种主义中徘徊时，他已经坚定地走向了马克思主义。

没有人天生是马克思主义者，蔡和森也不例外。同绝大多数进步青年相似，蔡和森也抱着要改造、革新社会的强烈愿望，但是对如何改造、怎样革新，并不明确。"五四"前后各种思潮的涌入，一度让他陷入工读主义、新村主义、互助论的困顿之中。那时的蔡和森零星地接触到马克思主义，但同对其他社会主义流派的认识一样，更多是从报纸上看到、从他人口中听说，停留在感性认识的层面。

　　1920 年赴法勤工俭学促成了蔡和森思想的转变。他接触到了比国内更为丰富的马克思主义理论著作，翻译了《共产党宣言》《社会主义从空想到科学的发展》《共产主义"左派"幼稚病》《国家与革命》等著作的重要章节。通过对马克思主义更加全面深入的了解，对马克思主义理论与俄国社会主义革命实践的对照研究，蔡和森将其与在中国思想界争鸣的各种社会主义思潮反复比较，鉴别，认定只有马克思主义才是值得追求的主义、只有马克思主张的社会主义才是值得追求的社会主义。

在给毛泽东的信中，他明确地说出了自己的结论："我近对各种主义综合审缔，觉社会主义真为改造现世界对症之方，中国也不能外此。"这封信是 25 岁的蔡和森在思想上完成情感与主义结合的宣告，他一经选择接受马克思主义、社会主义，便再无更改。

蔡和森敢于标榜自己为"极端"，也表明了与处在另一端点的思想划清界限的决心。蔡和森提出自己是"极端马克思派"，背后的参照系是当时国内的各种思潮，以及留法群体中的泛无政府主义心态。我们听过"青梅煮酒论英雄"，可能没听过蔡和森"法国书信评思潮"。他列出各种思潮，加以简单评价，直抒胸臆、观点鲜明：

　　对于初期的社会主义，乌托邦的共产主义，不识时务穿着理想的绣花衣裳的无政府主义，专主经济行动的工团主义，调和劳资以延长资本政治的吉尔特社会主义，以及修正派的社会主义，一律排斥批评，不留余地。以为这些东西都是阻碍世界革命的障碍物（其说甚长兹不能尽）；而尤其深恶痛绝参杂中产阶级思潮的修正派，专恃议院行动的改良派，动言特别情形特别背影以及专恃经济变化说的投机派，以为叛逆社会党、爱国社会党，都是这些东西的产物。

　　当时社会主义学说在中国本来就存在多个版本。蔡和森看到，不是说追求社会主义就一定是好的，就一定有利于解决中国社会的问题，有些社会主义学说有可能是反动的、空想的，可能会被用作理由或借口，作为为某种反动思潮辩护的旗帜或口号。在他看来，名目繁多的各种社会主义，与无产阶级的社会革命并无共同之处，不但对中国没有帮助，反而成为改造社会的阻碍，因此必须找到能够推进中国社会进步的社会主义。

也就是说，与马克思、恩格斯一直同各种反动的、空想的社会主义思潮作斗争一样，蔡和森也在那个时候辨别中国的各种社会主义，坚决主张马克思主义所追求的社会主义，也就是主张科学社会主义。

蔡和森标榜自己为"极端马克思派"，还显示出以马克思主义改造中国的急切。当时中国的知识分子不是都坚定地选择了马克思主义，掌握了改造中国的理论武器，明确了改造中国的方向和路径，而是对哪种主义能够救中国摇摆不定、踌躇不前。蔡和森希望通过他对马克思主义的认知和对世界潮流的把握，唤起民众拯救民族危亡的急迫感和忧患意识，从而引领更多的人选择和信仰马克思主义，真正走上社会主义道路。

　　蔡和森不是在书斋里做马克思主义的学问，出发点和落脚点都在于解决中国的问题。他把研究的理论成果、思想主张，通过书信的方式传递给在国内研究"中国地盘"的毛泽东等人，内外结合，期望达到改造中国的目的。蔡和森提出的诸多建议和观点同毛泽东长期以来的思考不谋而合，并强烈地影响着毛泽东。

　　我们不禁会问，一种态度一旦走向了"极

端"，一种追求一旦达到了极致，是否就会沦为自己的"主义"绝对正确、别的"主义"都要不得的独断主义？这种"极端"会不会导致一个人感觉自己逼近了真理，失去了理性的冲动，以至于对马克思主义的认识和理解不够理智？

确实，"极端"这个词，在我们的语境下，不是一个好词，往往是指认同某种学说、喜欢某个事物或者追求某种理想过了头。但在蔡和森所使用的语境下，我们应该把"极端"看作一个褒义词，看作对找到科学理论、找到治国救民真理的确信。

"极端"潜在的意蕴是，我已经进行了对比，认定马克思主义就是救国救民的真理，只有马克思主义指导下的社会主义才行得通；我已经深信不疑，不再有任何妥协，马克思主义一定能够救中国，除此之外没有任何一种学说能够救中国，其他的各种社会主义都不能做到。

在当时，这样的判断无法得到验证，不过，近代以来的中国历史已经给出了最好的回答。由此可以说，对社会未来有预见性的结论，往往是少数人提出来、大多数人在当时无法认同的。我们大多数人都生活在当下，理论家或思想家则生活在未来。或者说，他们的身体在当下，头脑在未来。

二、马克思主义的骨髓：综合"革命说"与"进化说"？

支撑蔡和森以"极端马克思派"自居的关键，在于他认为自己掌握了马克思主义这个真理，科学、准确地理解了它。蔡和森是如何理解马克思主义的？这对我们今天理解马克思主义有何启发？他的观点很明确：

马克思主义的骨髓在综合革命说与进化说（Revolution et evolution）。专恃革命说则必流为感情的革命主义，专恃进化说则必流为经济的或地域的投机派主义。马克思主义所以立于不败之地者，全在综合此两点耳。

蔡和森使用的"骨髓"一词，应该跟我们今天常用的"精髓"相近，指向这一学说最本质、最核心的部分。蔡和森为何将马克思主义的骨髓理解为革命说与进化说的综合？

这里涉及当时中国存在"进化说"与"革命说"的观点分歧问题。"进化说"的基本观点是，生物界有一个由低级向高级渐次发展的进化过程，人类历史的发展同样遵循这一规律，沿着一定的道路与方向阶梯进化，这种进化是一种缓慢的、渐进的、数量的变化，是自然而然的、顺应趋势的变化；而"革命说"强调的革命则是带有根本性的变化、质的变化、飞跃式的变化，意在打破旧社会、创造一个从来没有过的更加高级的新社会，主张靠人为的、暴力的方式来推进社会变革。

　　两种学说代表了早期中国知识分子对改造中国的不同路径选择的矛盾心理，虽然都主张变革、改造中国，但对变革、改造中国的方法却持不同的意见。当时社会主义的诸多流派推崇"进化说"，而对"革命说"持否定态度，就连颇有影响力的进步团体新民学会的成员对进化还是革命都争论不下。蔡和森、毛泽东的同乡好友萧子升所持的观点就是：

　　世界进化是无穷期的，革命也是无穷期的，我们不认可以一部分的牺牲，换多数人的福利。主张温和的革命，以教育为工具的革命，为人民谋全体福利的革命——以工会合社为实行改革之方法。颇不认俄式——马克思式——革命为正当，而倾向于无政府——无强权——蒲鲁东式之新式革命，比较和而缓，虽缓然和。

　　这种观点代表了当时很流行的主张，改良主义、无政府主义、教育救国、实业救国等方案大多建立在对进化的理解之上。这种"进化说"的道理在于，中国苦战争久矣，社会进步自有规律和节奏，冒进或极端的方式只能徒增暴力流血，还不如逐步慢慢改变。其反对"革命说"其实是反对暴力革命，认定中国已经苦难重重，再流血牺牲也很难真正改变。在今天来看，它们主张采取平和的方式，看似追求根本的改变，实际上只是对社会的修修补补，无法真正治疗当时中国的病疾，实实在在只是改良。

　　马克思主义学说在当时被认为是激进的学说，因为其主张采取积极行动的方式来改变现状，更倾向于以一种激进的手段推动社会进化。一些持"革命说"的知识分子表达出了"用和平方法去达共产目的，要何日才能成功"的彷徨，看到了"进化说"的问题在于置已经发生的无法忍受的苦难于不顾，给自己不去积极行动找到一个理由和借口，将改造中国的希望放在遥远的未来。

当时的一些知识分子认为，革命与进化是两种不同的主张，不可能并存于一种学说中，马克思主义只是主张革命的学说。在给蔡和森的回信中，陈独秀就提出当时有些人对马克思主义怀疑的一个地方，就是认为"马克思一面主张人为的革命说；一面又主张唯物史观，类乎一种自然进化说，这两说不免自相矛盾"。

在蔡和森看来，马克思主义既主张革命又

主张进化，是指导中国革命的不二选择。陈独秀表达了对综合进化说与革命说看法的认同，并谈了他的理解，"鄙意以为唯物史观是研究过去历史之经济的说明，主张革命是我们创造将来历史之最努力最有效的方法"，"我们固然不能忘了自然进化的法则，然同时我们也不能忘了人类确有利用自然法则来征服自然的事实"，"把唯物史观看做一种挨板的自然进化说，那末，马克思主义便成了完全机械论的哲学"。

也就是说，马克思主义揭示了人类社会的客观规律，又指明了创造将来历史的方法，即一种经济制度要崩坏时，其他制度也必然要跟着崩坏。改造社会不能蔑视社会经济的事实，应当首先从改造经济制度入手。唯物史观"固然含着有自然进化的意义"，但它并不否定革命的作用、否定人积极改造社会的努力，反而指明了革命的道路、改造社会的方法。可以说，革命恰恰是促进进化的一种方式，甚至是促进进化的最根本最有效的方式。

这种理解是对蔡和森观点的回应和认同。在蔡和森看来，马克思主义既有遵循客观进化规律的唯物史观，也有肯定人的能动作用的阶级战争说，既有革命的一面，也有进化的一面。他认为："马克思的学理由三点出发：在历史上发明他的唯物史观；在经济上发明他的资本论；在政治上发明他的阶级战争说。三者一以贯之，遂成为革命的马克思主义。"

我们发现，虽然蔡和森认为马克思主义的实质是革命与进化的综合，但他突出强调的是"革命的马克思主义"。唯物史观固然是马克思主义理论的基石，但这个"唯"字把握不好，可能就会陷入机械进化的泥潭。蔡和森以唯物史观为分析人类社会历史进程的基本方法论，认识到资本主义生产方式是无产阶级受压迫的根源，更看到社会革命是无产阶级改变命运的最根本的方式，因而提出马克思主义是革命与进化的综合学说。

蔡和森着重强调"革命的马克思主义"，回应的是当时中国社会的客观实际。20世纪初的中国，是病入膏肓的中国，最为紧迫的不是改良、进化这些"和风细雨"，而是革命的"暴风骤雨"。之所以突出强调"革命的马克思主义"，是要改变一些人想要采取温和方式，而惧怕、排斥革命的观念。正如萧子升的弟弟萧三（萧子璋）后来回忆所说："当时我们这些人没有读马列著作，受了社会上无政府主义思想的影响，对'温和革命'论，觉得易接受，对和森同志主张的暴力革命论，觉得'太激烈''太厉害'了。"① 现在看来，当时的中国已经到了不革命不行的境地，"革命的马克思主义"恰恰是对症的一剂猛药。

这里面实际上涉及一个不断被人提起又总是具有时代新意的话题——如何认识和看待马克思主义的问题。马克思主义是不断发展的理论，要根据不同历史条件，创造性地加以运用。随着时代的转换，需要挖掘并且突出的马克思主义的理论观点也是要变化的。我们说马克思主义博大精深，在特定的历史条件下，一些被忽略的观点可能需要强调，而一些被反复讲的观点则可能需

---

① 萧三：《月下常思君——怀念蔡和森同志》，《中国人民永远记着他——蔡和森110周年诞辰纪念集》，湖南人民出版社，2005年，第196页。

要弱化。这并不是不尊重或者曲解马克思主义，而恰恰是对以洞察时代、引领时代为追求的马克思主义的科学态度。

革命是马克思主义的关键词，但并不是全部内容，也不是在任何时候都要与暴力关联在一起。蔡和森也并不是只看到了马克思主义暴力革命的一面，他同样看到了马克思主义的其他观点，并且强调了唯物史观的阶级立场问题。在给毛泽东的信中，他写道：

人是一它物质，人是一个消费（吃，穿，住，）才能活动的动物。故人的理想云为乃是吃了饱了之后的物质的化分（或派生）。我以这种直捷简单的理由，肯定唯物观否定唯理观。

现在世界显然为两个敌对的阶级世界，学

说亦显然划了鸿沟。自柏拉图统御以来的哲学思想，（人生哲学，社会哲学）显然为有产阶级的思想。其特点重理想轻生活，重精神轻物质。马克思的唯物史观，显然为无产阶级的思想。

　　显然，蔡和森是在了解马克思主义全貌的基础上，立足当时的历史环境，为解决中国的问题，突出强调了革命的马克思主义对改造中国的重要作用。今天的我们也应该从回应时代的问题中去理解马克思主义，去突出强调马克思主义某个方面的内容。是突出强调马克思主义"革命的"一面，还是"进化的"一面，应该立足于时代的变化，取决于要完成的历史任务。

　　马克思主义是洞察时代、引领时代的学说，这是它不同于其他学说的独特气质。时代发生了变化，洞察时代、引领时代的学说不能不变，不能不发展，不能不在回应时代中呈现出新的面貌。

三、社会革命何以避免"感情革命主义" 或"投机主义"？

蔡和森所理解的马克思主义是"进化的"理论，更是彻底的革命的理论。当我们读他的这三封书信时，发现贯穿其中的一个关键词就是"革命"。这是20世纪初中国马克思主义者思想上的烙印，也一直深刻地影响着中国共产党的话语体系。

尽管在表达理想和志向时，蔡和森慷慨激昂、言辞激切，但在进行革命事业的规划时，他以马克思主义学说为基础，考察多国革命实践，表现出相当的稳健和周全。他对马克思主义革命理论的理解，很值得我们借鉴。

在蔡和森看来，社会革命是一种特殊的社

会运动，是社会运动的特殊表现形式。不是所有的社会运动都可以称为社会革命，只有综合了"evolution"和"revolution"的社会运动才可以称为社会革命。他的观点是：

> 社会运动为社会革命之起点，社会革命为社会运动之成熟，即综合 evolution et revolution 之意，如此才可立于不败之地，而不致流为卤莽灭裂毫无计划的感情革命主义，和审时度势坐以待毙的投机主义。

与社会革命相对应的有两个极端，一极是"卤莽灭裂毫无计划的感情革命主义"，一极是"审时度势坐以待毙的投机主义"。如果没有"evolution"，就必然走向前一极；如果没有

"revolution"，则必然走向后一极。据此可以说，"evolution"是指顺应客观历史进程、依循社会发展规律的过程，"revolution"则是指以暴力手段实现社会制度根本改变的行动。

这就意味着，社会革命实际上应该理解为顺应客观历史进程的、积极实现社会根本变革的行动。一方面，不能为了革命而革命，得有组织、有计划、有步骤，要把握住社会运动的趋势和规律。另一方面，不能一直等着革命的结果出现，认为社会运动必然达到社会革命，而要采取有效的积极行动推动革命。

社会革命是客观的历史进程，不是随便什么人能靠主观理想设定出来、制造出来的，不是随便什么时候想发动就能发动的。蔡和森指出：

自来一般中产阶级学者或空想的社会改造家，好以他个人的头脑来支配世界，视社会改造或社会革命为几个圣贤豪杰、伟人志士、思想家、学问家的掌上珠、图案画和绣花衣，任凭他们几个人的主观理想去预定，去制造，去点缀，去修饰，去和颜配色，去装腔作势，去包揽把持，去迟早其时，去上下其手，指挥群众如此如彼的做去便是，这真愚妄极了。

就此而言，社会革命是人类社会历史进程中出现的具有客观性、必然性的历史活动，它应该基于客观的事实，顺应历史发展的进程，把握住人类社会发展的趋势，它不是完全人为的活动，不是靠感情用事，靠义愤填膺，靠"路见不平一声吼""该出手时就出手"就能进行的，就能成功的。

从社会革命的客观性、必然性出发，蔡和森回答了两个问题：第一个问题是，革命为什么必然先发生在落后的国家而不是发达的资本主义国家？"社会革命不发生于资本集中，工业极盛，殖民地极富之英、美、法，而发于殖民地极少，工业落后之农业国俄罗斯也"。原因是，发达资本主义国家的无产阶级虽然受压迫，但这些国家可以通过掠夺殖民地分余润于其无产阶级。而像俄罗斯这样落后的农业国，因为经济地位上隶属于西方工业国，产品无法与西方工业国相竞争，导致大量失业，无产阶级所受的经济上的压迫尤为深重，再加上战争的影响，更加民不聊生。也就是说，落后国家的无产阶级遭受了内外极致的压迫，累积成尖锐的不可调和的社会矛盾，必然会爆发革命。

第二个问题是，当时中国革命的爆发为什么是必然的？在蔡和森看来，与俄罗斯的情况相似，中国自身的经济发展已然落后，更无法招架资本帝国主义的侵略。随着大量的生产品输入中国，手工生产者一批一批地失业，大多数人都面临生死的问题，如果不能解决这些问题，那就免不了遭遇社会革命的命运。而当时中国的统治阶级对人民群众的诉求置若罔闻，原封不动甚至变本加厉地维持自己的统治，固执地认为随着社会发展，问题自然而然就会解决。在这种情况下，"革命之爆发乃是必然的趋势，也如自然力的雷电之爆发一样，行所必然，什么成败利钝都不会顾，什么改造的理想家、大学问家都也把持不下地"。

从对这两个问题的分析中，可以看出蔡和

森看待革命，是具有国际视野的。他也同时认为，追求社会主义、进行阶级斗争、追求劳动解放，也必须具有国际视野，要从整个世界的发展、整个国际的状况来看中国的革命，"劳动解放绝不是一个地方、一个国家、一个民族的问题，乃是一个世界的社会问题，马克思社会主义乃是国际的社会主义，我们绝不要带地域的民族的色彩。中国的阶级战争，就是国际的阶级战争"。

社会革命既然必然会爆发，是否就意味着人们可以什么都不干，等着革命的爆发呢？或者说人们的自觉行动究竟能起到什么作用？蔡和森同样提出了问题："马克思的革命说完全立于客观的必然论之上，革命既是必然的，然而我们无产阶级的觉悟者何以要去唤醒同阶级的觉悟呢？"

这实际上就是唯物史观中历史必然性和主体自觉性结合的问题。革命具有客观必然性，但也离不开主体自觉性的发挥，需要觉悟者把握规律、预见未来，唤醒同阶级的觉悟，推动社会革命的成功。

原因在于，人们因为经济窘迫，活不下去，首先想到的不一定是革命，反而可能会认为是自己命苦，即使他们意识到生活不应该如此，但也不清楚问题的根源，找不到解决的方法，只能无奈地接受命运的安排。一部分人走投无路可能会铤而走险，流为盗贼、土匪、流氓、痞子，以致饿死、乱死、战死、争夺扰攘而死。因此，这就需要先进的觉悟者去唤醒更多的人、去点燃更多人的希望，"使群众一旦觉悟，与其为盗贼、土匪、流氓、痞子而饿死、乱死、争夺扰攘而死，死得不值；毋宁为革命而战死而饿死，死得荣誉”。

社会革命绝不能停留在计划和想象当中，要有实实在在的行动，要有破之后立的方略。结合对俄国革命的考察，蔡和森提出，“世界革命运动自俄革命成功以来已经转了一个大方向，这方向就是‘无产阶级获得政权来改造社会’”，“社会主义必要之方法：阶级战争——无产阶级专政。我认为现世革命唯一制胜的方法”。

不难看出，蔡和森眼中的“革命”是一个破立结合的过程。通过阶级斗争和暴力革命破除既有制度，还要通过无产阶级专政建立新的社会制度。以往的改良主义、教育救国为什么在理论上说得通，但事实上做不到，根源在于它们只看到了“立”的一面，而没有打破旧制度的基础；辛亥革命有“破”，推翻了统治中国两千多年的封建帝制，但它在"立"的过程中失败了。所以，要达到彻底改造中国社会的目的，必须破立衔接，先破而后立，为立而破。

要进行阶级战争，实行无产阶级专政，取得社会革命的胜利，当然离不开领导力量。蔡和森在给毛泽东的信中着重强调，"旗鼓鲜明成立一个共产党"，"他是革命运动的发动者、宣传者、先锋队、作战部。以中国现在的情形看来，须先组织他，然后工团、合作社，才能发生有力的组织。革命运动、劳动运动，才有神经中枢"。成立中国共产党，有了"神经中枢"，有了革命运动的发动者、宣传者、先锋队、作战部，才能更清楚、更深刻、更准确地识别中国革命的形势，找到革命的道路，也才能唤起全民族的觉醒，凝聚起大多数人的精神意志，形成足以摧毁旧的统治的革命力量。

蔡和森的主张没有停留在纸面上，没有停留在自己的头脑中，而是付诸实践，并且影响到了重要的人，比如毛泽东。1920 年 11 月，毛泽东编辑新民学会通信集时，在易礼容的信件上写了一个长篇按语，其中提到，"从事根本改造计划和组织，建立一个改造的基础，如蔡和森所主张的共产党"①。

蔡和森确认了马克思主义是救国救民的真理，真正领悟了马克思主义为何是救国救民的真理，看到了其中救国救民的基本进路，那就是要通过一个先进的、强有力的政党，激发无产阶级的主体力量，通过革命的方式，实现社会主义、共产主义。这正是当时中国所需要的，也依然是

---

① 《毛泽东早期文稿》，湖南人民出版社，2008 年，第 515 页。

当今中国所需要的。我们依然需要这样一个先进的、强有力的政党，依然需要激发人民群众的主体力量，依然需要党的自我革命和社会革命，依然需要继续建设社会主义，实现共产主义理想。

書信一：蔡林彬给毛泽东

社会主义讨论　主张无产阶级专政

润之兄：

湘局定，想已归。前见改造宣言，如能照行，甚善。来法会友上月在蒙集议一次，详情子升报告。我到法后，卤莽看法文报，现门路大开，以世界大势律中国，对于改造计划略具规模。现搜集各种重要小册子约百种，拟编译一种传播运动的丛书：

（一）世界革命运动之大势。

分四种形势：

1. 无产阶级革命成功的地方——俄。

2. 无产阶级革命已发动或小产地方——中

欧及巴尔干战败诸国。

3.阶级革命酝酿的地方——五大强战胜诸国。

4.阶级觉悟发生后由爱国运动引导到布尔塞维克上去的地方——诸被压迫之民族、保护国、殖民地，如波斯、土耳其、印度、埃及、朝鲜、中国等。

（二）无产阶级革命运动之四种利器。

1.党。（社会党或共产党）发动者、领袖者、先锋队、作战部，为无产阶级运动的神经中枢。

2.工团。先的作用为实力的革命军，不可破获的革命机关。后的作用为生产组织。

3.合作社。先的作用为劳动运动革命运动的经济机关，进而打消贸易主义，为消费组织。

4.苏维埃。无产阶级革命后的政治组织。

（三）世界革命之联络与方法。

1. 万国共产党（本部在俄）之计划与方法及新旧国际党之经过。

2. 万国工会组织、作用、最近之举动。

3. 万国同盟罢工（如最近万国矿工会宣布如协约对俄再战则下令英法矿工罢工）。

4. 万国同盟结交（如今年六月万国工会宣布与虐杀工人及社会党之匈牙利反动政府同盟绝交，电邮路船，都不与通，结果被捕之人民委员得减死刑）。

（四）俄罗斯革命后之详情。

这四种东西，现已搜集许多材料，猛看猛译，迟到年底，或能成就。我近对各种主义综合审缔，觉社会主义真为改造现世界对症之方，中国也不能外此。社会主义必要之方法：

阶级战争——无产阶级专政。

我认为现世革命唯一制胜的方法。我现认清社会主义为资本主义的反映。其重要使命在打破资本经济制度。其方法在无产阶级专政，以政权来改建社会经济制度。故阶级战争质言之就是政治战争、就是把中产阶级那架机器打破（国会政府）。而建设无产阶级那架机器——苏维埃。工厂的苏维埃、地方的苏维埃、邦的以至全国的苏维埃，只有工人能参与，不容已下野的阶级参与其中，这就叫做阶级专政。无产阶级革命后不得不专政的理由有二：

无政权不能集产，不能使产业社会有。换言之，即是不能改造经济制度。

无政权不能保护革命，不能防止反革命，打倒的阶级倒而复起，革命将等于零。

因此我以为现世界不能行无政府主义，因为现世界显然有两个对抗的阶级存在，打倒有产阶级的迪克推多，非以无产阶级的迪克推多压不住反动，俄国就是个明证。所以我对于中国将来的改造，以为完全适用社会主义的原理和方法。

我想编的"四种利器"，亦是我这一回要与你具体商量的。我以为先要组织党——共产党。因为他是革命运动的发动者、宣传者、先锋队、作战部。以中国现在的情形看来，须先组织他，然后工团、合作社，才能发生有力的组织。革命运动、劳动运动，才有神经中枢。但是宜急宜缓呢？我以为现在就要准备。现在红军已打到波兰而压入波斯，这种情形你必熟悉，而中国摇身一变的政客和武人（如陈炯明）正在准备做列宁，我预料三五年中，中国必有一个克伦斯基政府出现。换言之，必定有个俄国的二月革命出现。主持的人必为一干摇身一变的旧军阀、政阀、财阀，而结果产生一个不牛不马的德奥式的革命政治。这样一回事，我预料有少数的青年也会参与其中，但我不愿你加入。我愿你准备做俄国的十月革命。这种预言，我自信有九分对。因此你在国内不可不早有所准备。

　　然则这种党如何的准备组织呢？照旧组织革命机关，是不中用的。我以为要邀一些同志跑到资本家的工厂里去，跑到全国的职业机关议会机关去。去干甚么？去做工、办事、当代表、做议员。我望你物色如殷柏者百人，分布全国各处，不必他往，亦不必另组机关，即以中产阶级现成的职业机关、议会机关做革命机关。这种方法，我得之于布尔塞维克。二月革命后，布党遍布全国各机关，列宁亦入了克伦斯基政府，所以十月革命一举成功。

我在这面业已酝酿组织，将于此早组一整队赴俄工作（二年内）。将来以俄为大本营，至少引一万青年男女长驻工作。拟于今冬联络新民会友、少年学会友、工学励进会友、以及赴德之王光祈、赴英之某某，开一联合讨论会。我将拟一种明确的提议书，注重"无产阶级专政"与"国际色彩"两点。因我所见高明一点的青年，多带一点中产阶级的眼光和国家的色彩，于此两点，非严正主张不可。此意已与曾慕韩深言之，彼甚为感动，预料不久将与少年学会中人发生影响，将来讨论如得一致，则拟在此方旗鼓鲜明成立一个共产党。

木斯哥万国共产党是去年三月成立的，今

年七月十五开第二次大会，到会代表三十多国。中国、高丽亦各到代表二人，土耳其印度各有代表五人。据昨日报土耳其共产党业已成立。英国于本月初一亦成立一大共产党。法社会党拟改名共产党。现在第二国际党已解体，脱离出来者都加入新国际党，就是木斯哥万国共产党。我意中国于二年内须成立一主义明确，方法得当和俄一致的党，这事关系不小，望你注意。

徐彦之等赴日，不知如何联络，现在中国不明俄国及各国社会情形，所以一切运动都支节无大计。朝鲜、日本、波斯、印度、土耳其都应有人去，尤以日本为重要。我意日本要去一个极重要的人。与去俄国一样的重要，望你注意！我意中日间要两国无产阶级联络革命才能解决。只要有成熟的联络，谁先谁后不成问题。如果中国革命而日帝国政府未倒时，我们量力之所能采两个方法对他：

（一）我意我们的运动成熟，必与俄国打成一片，一切均借俄助。如日出而干涉，则如俄之对波兰者对之。

（二）万不得已，则以列宁之对德者对之。

以我观察，中国行俄式革命，反动必较俄大。其因有二：

（一）大资本家大地主少，而十万二十万之身家多，故反动数目必多。

（二）中国自来政治影响于个人经济者很少，个人经济极自由，一旦集产，反动必大。

有人以为中国无阶级，我不承认。只因小工小农不识不知，以穷乏惨苦归之命，一旦阶级觉悟发生，其气焰必不减于西欧东欧。

共产党的原理和方略，我须先研究清楚，现已译《议院行动》（系万国共产党之魁作）一篇，及列宁等重要文字数篇，拟续译《俄国共产党大纲》。

俄十月革命共产党仅万人，现尚只六十万人。一九一七年俄工党只百五十万人，现四百万。

现在内地组织此事须秘密。乌合之众不行，离开工业界不行。中产阶级文化运动者不行。（除非他变）

我拟在此组织一整队赴俄做工。法语于俄甚行，勤工可得川资。将来以俄为大本营，纵少要有青年工人万人在俄。国内往俄难，请先鼓人来法。

你前要我做通信，现因有系统一点的编译

计划，无暇作此。

改造地图，请买一部寄我。

你如对于上列意见表同情，或即潜在运动，则有两点应注意而不可游移：

无产阶级专政。

万国一致的阶级色彩，不能带爱国的色彩。

叔衡、启民、惇元、殷柏诸友均此。

彬。一九二〇，八，一三。

（载《新民学会会员通信集》第3集）

附：毛泽东给萧旭东蔡林彬并在法诸会友

（一九二〇年十二月一日）

赞成"改造中国与世界"为学会方针。赞成马克思式的革命。学会的态度：（一）潜在，（二）不依赖旧势力。会员的态度：（一）互助互勉，（二）诚恳，（三）光明，（四）向上。共同研究及分门研究。学会的四种运动：联络同志之重要。

和森兄子升兄并转在法诸会友：

接到二兄各函，欣慰无量！学会有具体的计划，算从蒙达尔尼会议及二兄这几封信始。弟于学会前途，抱有极大希望，因之也略有一点计划，久想草具计划书提出于会友之前，以资商榷，今得二兄各信，我的计划书可以不作了。我只希望我们七十几个会友，对于二兄信上的计划，人人下一个详密的考虑，随而下一个深切的批评，以决定或赞成，或反对，或于二兄信上所有计划和意见之外，再有别的计划和意见。我常觉得我们个人的发展或学会的发展，总要有一条明确的路数，没有一条明确的路数，各个人只是盲进，学会也只是盲进，结果糟踏了各人自己之外，又糟踏了这个有希望的学会，岂不可惜？原来我们在没有这个学会之先，也就有一些计划，这个学会之所以成立，就是两年前一些人互相讨论研究的结果。学会建立以后，顿成功了一种共同的意识，于个人思想的改造，生活的向上，很有影响。同时于共同生活、共同进取，也颇有研究。但因为没有提出具体方案；又没有出版物可作公共讨论的机关；并且两年来会友分赴各方；在长沙的会员又因为政治上的障碍不能聚会讨论；所以虽然有些计划和意见，依然只藏之于各人的心里；或几人相会出之于各人的口里；或彼此通函见之于各人的信里；总之只存于一部分的会友间而已。现在诸君既有蒙达尔尼的大集会，商决了一个共同的主张；二兄又本乎自己的理想和观察，发表了个人的意见；我们不在法国的会员，对于诸君所提出当然要有一种研究、批评、和决定。除开在长沙方面会员，即将开会为共同的研究、批评、和决定外，先述我个人对于二兄来信的意见如左。

现在分条说来。

（一）学会方针问题。我们学会到底拿一种甚么方针做我们共同的目标呢？子升信里述蒙

达尔尼会议，对于学会进行之方针，说："大家
决定会务进行之方针在改造中国与世界"。以"改
造中国与世界"为学会方针，正与我平日的主张
相合，并且我料到是与多数会友的主张相合的。
以我的接洽和观察，我们多数的会友，都倾向于
世界主义，试看多数人鄙弃爱国；多数人鄙弃谋
一部分一国家的私利，而忘却人类全体的幸福的
事；多数人都觉得自己是人类的一员，而不愿意
更繁复的隶属于无意义之某一国家、某一家庭、
或某一宗教，而为其奴隶；就可以知道了。这种
世界主义，就是四海同胞主义，就是愿意自己好
也愿意别人好的主义，也就是所谓社会主义。凡
是社会主义，都是国际的，都是不应该带有爱国
的色彩的。和森在八月十三日的信里说："我将
拟一种明确的提议书，注重'无产阶级专政'与

‘国际色彩’两点。因我所见高明一点的青年，多带一点中产阶级的眼光和国际的色彩，于此两点，非严正主张不可”。除无产阶级专政一点置于下条讨论外，国际色彩一点，现在确有将他郑重标揭出来的必要。虽然我们生在中国地方的人，为做事便利起见，又因为中国比较世界各地为更幼稚、更腐败应先从此着手改造起见，当然应在中国这一块地方做事；但是感情总要是普遍的，不要只爱这一块地方而不爱别的地方。这是一层。做事又并不限定在中国，我以为固应该有人在中国做事，更应该有人在世界做事，如帮助俄国完成他的社会革命；帮助朝鲜独立；帮助南洋独立；帮助蒙古、新疆、西藏、青海，自治自决；都是很要紧的。以下说方法问题。

（二）方法问题。目的——改造中国与世

界——定好了，接着发生的是方法问题，我们到底用甚么方法去达到"改造中国与世界"的目的呢？和森信里说："我现认清社会主义为资本主义的反映。其重要使命在打破资本经济制度，其方法在无产阶级专政"。和森又说："我以为现世界不能行无政府主义，因在现世界显然有两个对抗的阶级存在，打倒有产阶级的迪克推多，非以无产阶级的迪克推多压不住反动，俄国就是个明证，所以我对于中国将来的改造，以为完全适用社会主义的原理与方法。……我以为先要组织共产党，因为他是革命运动的发动者、宣传者、先锋队，作战部"。据和森的意见，以为应用俄国式的方法去达到改造中国与世界，是赞成马克思的方法的。而子升则说："世界进化是无穷期的，革命也是无穷期的，我们不认可以一部分的牺牲，换多数人的福利。主张温和的革命，以教育为工具的革命，为人民谋全体福利的革命——以工会合社为实行改革之方法。颇不认俄式——马克思式——革命为正当，而倾向于无政府——无强权——蒲鲁东式之新式革命，比较和而缓，虽缓然和"。同时李和笙兄来信，主张与子升相同，李说："社会改造，我不敢赞成笼统的改造，用分工协助的方法，从社会内面改造出来，我觉得很好。一个社会的病，自有他的特别的背景，一剂单方可医天下人的病，我很怀疑。俄国式的革命，我根本上有未敢赞同之处"。我对子升和笙两人的意见，（用平和的手段，谋全体的幸福）在真理上是赞成的，但在事实上认为做不到。罗素在长沙演说，意与子升及和笙同，主张共产主义，但反对劳农专政，谓宜用教育的方法使有产阶级觉悟，可不至要妨碍自由，兴起战争，革命流血。但我于罗素讲演后，曾和荫柏，礼容等有极详之辩论，我对于罗素的主张，有两句评语：就是"理论上说得通，事实上做不到"。罗素和子升和笙主张的要点，是"用教育的方法"，但教育一要有钱，二要有人，三要有机关。现在世界，钱尽在资本家的手；主持教育的人尽是一些资本家，或资本家的奴隶；现在世界的学校及报馆两种最重要的教育机关，又尽在资本家的掌握中。总言之，现在世界的教育，是一种资本主义的教育。以资本主义教儿童，这些儿童大了又转而用资本主义教第二代的儿童。教育所以落在资本家手里，则因为资本家有"议会"以制定保护资本家并防制无产阶级的法律。有"政府"执行这些法律，以积极的实行其所保护与所禁止。有"军队"

与"警察"，以消极的保障资本家的安乐与禁止
无产者的要求。有"银行"以为其财货流通的府库。
有工厂以为其生产品垄断的机关。如此，共产党
人非取政权，且不能安息于其宇下，更安能握得
其教育权？如此，资本家久握教育权，大鼓吹其
资本主义，使共产党人的共产主义宣传，信者日
见其微。所以我觉得教育的方法是不行的。我看
俄国式的革命，是无可如何的山穷水尽诸路皆走
不通了的一个变计。并不是有更好的方法弃而不
采，单要采这个恐怖的方法。以上是第一层理由。
第二层，依心理上习惯性的原理，及人类历史上
的观察，觉得要资本家信共产主义，是不可能的
事。人生有一种习惯性，是心理上的一种力，正
与物在斜方必倾向下之为物理上的一种力一样。
要物不倾向下，依力学原理，要有与他相等的一

力去抵抗他才行。要人心改变，也要有一种与这心力强度相等的力去反抗他才行。用教育之力去改变他，既不能拿到学校与报馆两种教育机关的全部或一大部到手，虽有口舌印刷物或一二学校报馆为宣传之具，正如朱子所谓"教学如扶醉人，扶得东来西又倒"，直不足以动资本主义者心理的毫末，那有回心向善之望？以上从心理上说。再从历史上说，人类生活全是一种现实欲望的扩张。这种现实欲望，只向扩张的方面走，决不向减缩的方面走，小资本家必想做大资本家，大资本家必想做最大的资本家，是一定的心理。历史上凡是专制主义者，或帝国主义者，或军国主义者，非等到人家来推倒，决没有自己肯收场的。有拿破仑第一称帝失败了，又有拿破仑第三称帝。有袁世凯失败了，偏又有段祺瑞。章太炎在长沙演说，劝大家读历史，谓袁段等失败均系不读历史之故。我谓读历史是智慧的事，求遂所欲是冲动的事，智慧指导冲动，只能于相当范围有效力，一出范围，冲动便将智慧压倒，勇猛前进，必要到遇了比冲动前进之力更大的力，然后才可以将他打回。有几句俗话："人不到黄河心不死，""这山望见那山高，""人心不知足，得陇又望蜀，"均可以证明这个道理。以上从心理上及历史上看，可见资本主义是不能以些小教育之力推翻的，是第二层理由。再说第三层理由。理想固要紧，现实尤其要紧，用和平方法去达共产目的，要何日才能成功？假如要一百年，这一百年中宛转呻吟的无产阶级，我们对之，如何处置，（就是我们）。无产阶级比有产阶级实在要多得若干倍。假定无产者占三分二，则十五万万人类中有十万万无产者，（恐怕还不止此数）这一百年中，任其为三分一之资本家鱼肉，其何能忍？且无产者既已觉悟到自己应该有产，而现在受无产的痛苦是不应该；因无产的不安，而发生共产的要求；已经成了一种事实。事实是当前的，是不能消灭的，是知了就要行的。因此我觉得俄国的革命，和各国急进派共产党人数日见其多，组织日见其密，只是自然的结果。以上是第三层理由。再有一层，是我对于无政府主义的怀疑。我的理由却不仅在无强权无组织的社会状态之不可能，我只忧一到这种社会状态实现了之难以终其局。因为这种社会状态是定要造成人类死率减少而生率加多的，其结局必至于人满为患。如果不能做到（一）不吃饭；（二）不穿衣；（三）不住屋；（四）地球上各处气候寒暖，和土地肥瘠均一；或是（五）

更发明无量可以住人的新地；是终于免不掉人满为患一个难关的。因上各层理由，所以我对于绝对的自由主义，无政府的主义，以及德谟克拉西主义，依我现在的看法，都只认为于理论上说得好听，事实上是做不到的。因此我于子升和笙二兄的主张，不表同意。而于和森的主张，表示深切的赞同。

（三）态度问题。分学会的态度与会友的态度两种：学会的态度，我以为第一是"潜在"，这在上海半淞园曾经讨论过，今又为在法会友所赞成，总要算可以确定了。第二是"不倚赖旧势力"，我们这学会是新的，是创造的，决不宜许旧势力混入，这一点要请大家注意。至于会友相互及会友个人的态度，我以为第一是"互助互勉"，（互助如急难上的互助，学问上的互助，事业上的互助。互勉如积极的勉为善，消极的勉去恶）。第二是诚恳（不滑），第三是光明（人格的光明），第四是向上（能变化气质有向上心）。第一是"相互间"应该具有的。第二第三第四是"个人"应该具有的。以上学会的态度二项，会友的态度四项，是会及会友精神所寄，非常重要。

（四）求学问题。极端赞成诸君共同研究及分门研究之两法。诸君感于散处不便，谋合居一处，一面作工，一面有集会机缘，时常可以开共同的研究会，极善。长沙方面会友本在一处，诸君办法此间必要仿行。至分门研究之法，以主义为纲，以书报为目，分别阅读，互相交换，办法最好没有。我意凡有会员两人之处，即应照此组织。子升举力学之必要，谓我们常识尚不充足，我们同志中尚无专门研究学术者，中国现在尚无可数的学者诚哉不错！思想进步是生活及事业进步之基。使思想进步的唯一方法，是研究学术。弟为荒学，甚为不安，以后必要照诸君的办法，发奋求学。

（五）会务进行问题。此节子升及和森意见最多。子升之"学会我见"十八项，弟皆赞成。其中"根本计划"之"确定会务进行方针"，"准备人才"，"准备经济"，三条尤有卓见。以在民国二十五年前为纯粹预备时期，我以为尚要延长五年，以至民国三十年为纯粹预备时期。子升所列长沙方面诸条，以"综挈会务大纲，稳立基础"，"筹办小学"，"物色基本会员"三项，为最要紧，此外尚应加入"创立有价值之新事业数种"，一项。子升所列之海外部，以法国、俄国、南洋，三方面为最要。弟意学会的运动，暂时可统括为四：1.湖南运动；2.南洋运动；3.留法运动；4.留俄运动。暂时不必务广，以发展此四种，而使之确见成效为鹄，较为明切有着，诸君以何如；至和森要我进行之"小学教育"，"劳动教育"，"合作运动"，"小册子"，"亲属聚居"，"帮助各团体"诸端，我都愿意进行。惟"贴邮花"一项，我不懂意，请再见示。现在文化书社成立，基础可望稳固，营业亦可望发展。现有每县设一分社的计划，拟两年内办成，果办成，效自不小。

（六）同志联络问题。这项极为紧要，我以为我们七十几个会员，要以至诚恳切的心，分在各方面随时联络各人接近的同志，以携手共上于世界改造的道路。不分男、女、老、少、士、农、工、商，只要他心意诚恳，人格光明，思想向上，能得互助互勉之益，无不可与之联络，结为同心。此节和森信中详言，子升亦有提及，我觉得创造特别环境，改造中国与世界的大业，断不是少数人可以包办的，希望我们七十几个人，人人注意及此。

我的意见大略说完了。闻子升已回国到北京，不久可以面谈。请在法诸友再将我的意见加以批评，以期求得一个共同的决定。个人幸甚。学会幸甚。

弟泽东。九年十二月一日文化书社夜十二时。

（载《新民学会会员通信集》第3集）

书信二：蔡林彬给毛泽东

共产党之重要讨论

润之兄：

上月寄一长信，大要系主张马克思主义及俄式革命，而注重于组织共产党。今子升归国，再陈其略。我以为现在世界显然为两个敌对的阶级世界，学说亦显然划了鸿沟。自柏拉图统御以来的哲学思想，（人生哲学，社会哲学）显然为有产阶级的思想。其特点重理想轻生活，重精神轻物质。马克思的唯物史观，显然为无产阶级的思想。以唯物史观为人生哲学社会哲学的出发点。结果适与有产阶级的唯理派（Id'eologic）相反，故我们今日研究学问，宜先把唯理观与唯物观分个清楚，才不至堕入迷阵。我对于人性只认为有"可能性"，比如到了饥的境地，性之可能为吃；遇到困难的境地，性之可能为思（想方法）；处现经济制度之下，性之可能为"人剥削人"；处怒或挑剔（如民族主义军国主义）之时，性之可能为"打"或"杀"。究其极这种可能性，与别的动物一样，没有别的高贵不同。总之人由低等动物进化成的。道德根于先天之说不能成立，成立也无意思。人是一它物质，人是一个消费（吃，穿，住，）才能活动的动物。故人的理想云为乃是吃了饱了之后的物质的化分（或派生）。我以这种直捷简单的理由，肯定唯物观否定唯理观。唯理观弊病到了化境（助长有产阶级）唯物观才由马克思寻找出来。这真是思想史上一桩大喜事！修正派改良派（即染了有产阶级唯理主义的毒）的考茨基，伯伦斯丁等，好胆大又把中产阶级的唯理主义拿来驳唯物史观，以为"人""社会"决不是单由物质的条件决定的，还有内心的理想的支配力，唉！这真是为资本家说法。结果是以唯物史观启发阶级战争的动机为卑下为薄弱，（现张东荪也是这样说）而别寻所谓高尚的动机，及寻一劳资调和的办法，故他们最终的结果，主张改良而不主张革命。中产阶级的德谟克拉西和威尔逊的十四条，是他们叹观止的地方！今日俄德革命之不同，根本即在此点，我今拟二公式：

俄社会革命出发点＝唯物史观。

方法＝阶级战争＋阶级专政。

目的＝创造共产主义的社会；无阶级无反动社会组织完成世界组织完成（列宁及共产党屡次如此宣言时），取消国家。

德多数社会党立足于＝修正派社会主义及中产阶级的德谟克拉西之上。

方法＝与帝国政府通力合作（入战时内阁）；利用革命与中产阶级联盟组织政府。

目的＝劳资合组的德谟克拉西。

结果＝延长资本政治的危险，内乱，破产，反革命，压迫工人，闹个不休。

张君迈以中产阶级的反动眼光及贤人眼光观察俄国革命，对于德叛逆社会党（即多数党）一唱而三叹（见《解放与改造》）。他对于中国主张的八条，不马不牛，这种冬烘头脑，很足误人。阶级战争的结果，必为阶级专政，不专政则不能改造社会、保护革命。原来阶级战争就是政治战争，因为现政治完全为资本家政治，资本家利用政权、法律、军队，才能压住工人，所以工人要得到完全解放，非先得政权不可。换言之就是要把中产阶级那架国家机关打破（无论君主立宪或议院政治），而建设一架无产阶级机关——苏维埃。无产阶级不获得政权，万不能得到经济的解放，比如生长于现政治下的工团主义（经济的职业的，而非政治的）充其量不过是运动到产业国有，由资本家的"公司"里运动到资本家的"国"里去，这不但于工人无益，而且反巩固"资本家国"的产业组织，以后工人愈难解放。比如三角同盟国有运动，自去年到现在，没生一点效，现在矿工为增加工钱减少煤价争议数月（矿工已发停工预告定期本二十五），政府、公司丝毫不动。所以我们专门经济的职业的工团运动，经久不能超出"工钱物价问题"，如何能得到解放呢？至于现在俄的工团就不然了，"工钱"、"物价"

都由工团自定，生产管理与分配，工团与全国经济最高苏维埃共同执行。这才真算是解放。然而所以能达到这步，因为他获得了政权。现世经济政治早已打成一片，怎么会容许你单做经济解放呢？所以现在有两种说法最足延长现政治之危险而暗杀工人阶级：

（一）反唯物史观。以为以此启发阶级战争的动机太卑下而不高尚！

（二）分离经济与政治，教工人专去做经济运动，做保护职业的运动，使他们永世生息于资本家剥削政治之下！

这两种危险的说法，凡冬烘先生（欧美如此）及资本家御用的改良派社会学者总是瞎眼说去，不怕害死工人！

资本家帝国主义者的大战爆发，于是各国

不真实的社会党及工党，尽向军国主义投降（即向资本家投降），尽变为叛逆，爱国的社会党和工党，有两个叛逆的总机关：一为第二国际党，一为万国工会。

忠于马克思主义的布尔塞维克，既已把俄岁斯完全彻底的建设其主义，于一九一八年改名共产党。与德李伯克奈希、罗森堡，所手创的斯巴达加斯团（不久亦改名共产党），及匈贝拉赓所组的共产党，组织"第三国际党"（即万国共产党），一九一九年三月四日（正资本家分赃会议在巴黎热闹时），在木斯哥成立，加入的团体共三十五个。高丽亦以劳动联合会的名义加入，波斯、印度、土耳其等，以东亚民族解放大联盟的名义加入，独中日没有团体！万国共产党即世界革命的总机关，这是无产阶级极彻底的、极真实、极具主义方略的、真正的国际组织，与没气焰的资本阶级的国际联盟针锋对立。俄十月革命成，各国犯了罪的革命党及工党又疑又怕，去年二月已死的第二国际党，在柏伦死灰后燃，开了一次大会，赞扬俄革命的占多数，诋毁的尽为犯罪已深（入了战时内阁）及执迷不悟的改良派，不久大多数纷纷宣布脱离第二国际党。其中的大党如德独立社会党、法统一社会党、英独立劳动党、西班牙社会党、瑞士社会左党等等，并宣布与第三国际党商议加入条件。故今年七月万国共产党开第二次大会。中西南欧及美社会党都预会，中国亦有两个代表，但无团体名义。现中西欧各代表已返国，正在开全国大会讨论即刻加入。中西欧各社会党战时屈伏于军国主义之下，多少违犯了主义，此缘于平日改良派及修正派之恶劣影响，现在完全的马克思主义及无产阶级专政既在俄罗斯实现有效。于是各国觉悟的工人莫不醉心于红色化。而各国社会党和工党大呈分裂之状。从中把持的无非是几个改良派、修正派、中立派的旧首领，这种首领在各国觉悟的工人阶级中，不久即会遭淘汰。现在英、法、美，共产党（英八月成立的）业已成立，加入万国共产党，所以英、法、美的社会党非加入则不能立足（因违反工人的要求故），我今把美、中、西南欧巴尔干、及东亚的已加入或即将加入万国共产党的略举如下：

美，已成立三个共产党，加入木斯哥。社会党（已与木斯哥大会）势力不大，首领为豆伯斯，因反对战争，现还关在牢里。美 I.W.W. 势力亦弱，但主张阶级战争，为美劳工的真正组织，已参预木斯哥大会。美势力最大的劳动联合会的领袖为刚伯斯，极旧极反动（木斯哥指名排斥）。社会党和 I.W.W. 都参与木斯哥大会，与第二国际党及黄色的万国工会脱离关系。

英，不列颠社会党与别的三个团体，自去夏商议组织与俄一致的共产党，今年八月一日成立，加入木斯哥万国共产党。英共产党始拟不令劳动党加入（党员已近五百万），列宁力主可容其加入。独立劳动党已宣告脱离第二国际党与木斯哥商议国际改造，现英劳动党阶级战争的色彩益明。援俄及国际运动甚力（近又派代表参预俄波和议）。三角同盟将与俄工团于今秋冬发起红色的万国工会，打破死灰后燃之老的黄的万国工会（他有七千万会员），反动的工党旧首领将被排斥。

法，统一社会党之极左翼，已组成共产党。

为万国共产党之一部。统一社会党今年二月宣布脱离第二国际党，与第三国际党协商加入，此次派二代表与木斯哥万国共产党第二次大会。木斯哥加入的条件极严，大略如下：

1. 改名为共产党，以后一切宣传运动皆为共产党性质。

2. 排除右翼的改良派、爱国派、中立派、入阁派的首领，然后才准加入。

二代表已返国，即将开全国大会，讨论加入条件。法工党首领为霞华，木斯哥指名排斥；要法工人将此人驱逐。

德，独立社会党去年十一月大会，宣布脱离第二国际党，与木斯哥商议加入，昨派四代表与木斯哥第二次大会。加入条件与对法略同，要他排除右翼首领才准加入。独党十月将开会讨论此事。斯巴达加斯团改名共产党。为万国共产党主要份子之一。德工党旧首领为莱琴，木斯哥指名排斥。

西班牙，工人社会党已于前二月脱离第二国际党，正式加入万国共产党。

比利时，社会党为爱国、入阁、卖主义的首领所把持。共产党已成立。

意大利，社会党右翼已正式加入万国共产党。劳动联合总会亦加入，社会党右翼的改良派将于下次大会被除名。意近日劳动运动占领工场，管理生产，绝非国有运动可比。

匈奥，其社会民主党与德多数党一样的与中产阶级联盟揽政权，在社会主义上已宣布死刑，匈共产党为发起万国共产党之一，奥共产党也是其中一员。

雅各斯拉夫，共产党运动极得势，此次城邑选举大获胜利，中产党皆失败，去年三月即加入木斯哥。

捷克斯拉夫，共产党去年三月加入木斯哥。社会党团体有八，现组织政府，此次不应法命助波攻俄，社会党政府与有力。

保加利亚，战后破产，共产运动极盛，上次国会选举获选五十名之多。与中产阶级联盟的社会党一败涂地。现俄共产党的党纲，在保销行八十万卷。去年三月即加入木斯哥。

罗马尼亚，战后军国主义大盛。共产党运动亦盛，去年三月加入木斯哥，此次多瑙河流域三小协约国，不听法命助波攻俄，即三国共产党之力。

东亚，印度共产党已成立，去年即加入木

斯哥，我在法报见其宣言。

土耳其，共产党于今年八月成立。昨波斯、印度、埃及、土耳其代表于参与木斯哥二次大会之后，又在巴库开东亚民族解放大同盟的大会。印度又于八月成立八百万工人的联合会。法统一社会党及人道报派代表赴印度祝贺。高丽去年三月以高丽劳动联合会名义加入木斯哥，此次又有二代表与第二次大会，中日亦有代表，但不见团体名义。

以上所举系荦荦大者，观此亦可知世界大势所趋。而中国民众运动幼稚如此，将怎样呢？我以为非组织与俄一致的（原理方法都一致）共产党，则民众运动、劳动运动、改造运动皆不会有力，不会彻底。

布尔塞维克与门色维克（先同属社会民主

党）的分裂，开首是争党员加入的条件，布派主张极严格，门派主张宽大。其后布党主张极端的行以下的公式，即阶级战争＋无产阶级专政＝Soviets，而门派还主张与中产阶级联盟，所以十月革命不得不起。现在布党改名为共产党，加入条件仍极严格，所以十月革命时的党员仅万人（极确实的份子），现在不过六十万。现在入党条件如下：（1）二人介绍于地方支部。（2）入党的实习所受训练三月，作为后补入党之期。（3）实习所的指导员一步一步引导他们到共产主义的生活上来，并令他到共产主义的学校去听讲。（4）不能确信主义及遵守的除名。（5）如指导员认训练未成熟，须再受训练三月。（6）然后具愿书三份，须守党的"铁的纪律"。党的组织为极集权的组织，党的纪律为铁的纪律，必

如此才能养成少数极觉悟极有组织的份子，适应
战争时代及担负偌大的改造事业。（现全俄政府
每部的事纵多不过十余人担任，全国劳动联合总
会五人担任）党的最高机关为中央委员会。党中
设宣传运动部、组织教育部、调查统计部、义务
劳动部，（此部专为党员做星期下午的义务劳动，
以为社会倡率而设）。在十月革命前，党的方略
为多方面的，无论报纸、议院、团体，以及各种
运动绝对受中央委员会的指挥和监督。绝不准单
独自由行动，所以议院行动在各国社会党弊端百
出，以致工人不信用政治行动，而在布党适得其
反，他第一从根本上否定中产阶级的议院主义；
第二以为应入到里面去打破他，一面党的群众在
外面酿革命风潮，一面党的议员在议坛上酿风潮，
队员亦须参预群众行动，利用选举战争为宣传运

动，而不在得票多少；第三党的议员一言一语，皆须依中央委员会所授命的态度（革命的），一面在议院内做合法的工作，一面又在议院外做非法的工作，一等运动成熟，即打倒议院和政府，而做完全的革命行动。十月革命时，俄工团份子约百五十万，大多数反对布党的主张。不及数月布党在各工团中都组有党的团体，将反动的首领驱逐，一变而为多数赞成布党的主张。即如十月二十五日，乃是一种定期的革命，是日开全俄苏维埃第二次大会，列宁所提出的议案为将临时政府的政权移与全俄苏维埃。孟党及中产阶级各党和克伦斯基都到会投票，结果工人与兵尽赞成将全政权移与苏维埃，于是克伦斯基只得跑了。这完全是一种组织的革命，绝不是流血的革命。革命的标准在客观而不在主观，有一干人生怕革命，其实是错了，凡社会上发生了种种问题，而现社会现制度不能解决他，那末革命是一定不能免的了。你看中国今日所发生的问题，那一种能在现社会现制度之下解决？所以中国的社会革命，一定不能免的。不趁此时加一番彻底的组织，将来流血恐怖自然比有组织要狠些。有了强有力的组织，或者还可以免掉。所以我认党的组织是很重要的。组织的步骤：（1）结合极有此种了解及主张的人，组织一个研究宣传的团体及出版物。（2）普遍联络各处做一个要求集会、结社、出版自由的运动，取消治安警察法及报纸条例。（3）严格的物色确实党员，分布各职业机关，工厂、农场、议会等处。（4）显然公布一种有力的出版物，然后明目张胆正式成立一个中国共产党。现在组织研究宣传部之外，更可组织一调查统计部，研究宣传部调查统计部与出版物三者现在可打成一片而潜在从事。比如我在外国可调查俄国及各国的情形，你在国内可调查各省情形，将人口、地土、产业、交通、劳动状况、经济、教育等列为统计，此种材料与研究的著作，皆在一种出版物上发表，出版物又须组织一个审查会。凡游移不定的论说及与主义矛盾的东西，皆不登载。

　　没有纸了，我的意见一时不能写完，再笼统说几句：我以世界革命运动自俄革命成功以来已经转了一个大方向，这方向就是"无产阶级获得政权来改造社会"。不懂的人以为无产阶级专政是以暴易暴的，不知列宁及万国共产党已再三宣言、专政是由资本主义变到共产主义过渡时代一个必不可少的办法。等到共产主义的社会组织世界组织完成了，阶级没有了，于是政权与国家一律取消。故现在各国的无政府党与工团的见到了的份子，业已改了倾向，我不信这种倾向会错的。无政府党最后的理想我以列宁与他无二致。不过要做到无政府的地步，我以为一定要经俄国现在所用的方法，无产阶级专政乃是一个唯一无二的方法，舍此无方法。试问政权不在手，怎样去改造社会？怎样去组织共产主义的生产和消费？最大的错误，就是他们以为迟一点就会了，殊不知迟一点儿资本家的大战又起了，伏尸流血又不知几千百万，而战死与破产及生活昂贵的大祸，都是无产阶级受了，战胜的中产阶级又不知道要得到好多的赔款和殖民地，而战胜的国际的托辣斯的组织（指国际联盟）将越发巩固，工人真是动也动不得了！第二次资本家的大战战场必在中国。我们还不应准备么？

叔衡、惇元、殷柏、启民、章甫，均此。

　　　　　　　　　彬。九月十六日。①

　　　（载《新民学会会员通信集》第3集）

---

① 一九二〇年。

附：毛泽东给蔡和森

（一九二一年一月二十一日）

和森兄：

　　来信于年底始由子升转到。唯物史观是吾党哲学的根据，这是事实，不象唯理观之不能证实而容易被人摇动。我固无研究，但我现在不承认无政府的原理是可以证实的原理，有很强固的理由。一个工厂的政治组织，（工厂生产分配管理等）与一个国的政治组织，与世界的政治组织，只有大小不同，没有性质不同。工团主义以国的政治组织与工厂的政治组织异性，谓为另一回事而举以属之另一种人，不是固为曲说以冀苟且偷安，就是愚陋不明事理之正。况乎尚有非得政权则不能发动革命，不能保护革命，不能完成革命，在手段上又有十分必要的理由呢。你这一封信见地极当，我没有一个字不赞成。党一层陈仲甫先生等已在进行组织。出版物一层上海出的《共产党》，你处谅可得到，颇不愧"旗帜鲜明"四字，（宣言即仲甫所为）。详情后报。

弟泽东。十年一月二十一日在城南。

（载《新民学会会员通信集》第 3 集）

书信三：马克思学说与中国无产阶级

独秀先生：闻公主张社会主义而张东荪欢迎资本主义，两方驳论未得而见，殊以为憾。和森为极端马克思派，极端主张：

　　唯物史观

　　阶级战争

　　无产阶级专政，

所以对于初期的社会主义，乌托邦的共产主义，不识时务穿着理想的绣花衣裳的无政府主义，专主经济行动的工团主义，调和劳资以延长资本政治的吉尔特社会主义，以及修正派的社会主义，一律排斥批评，不留余地。以为这些东西都是阻碍世界革命的障碍物（其说甚长兹不能尽）；而尤其深恶痛绝参杂中产阶级思潮的修正派、专恃议院行动的改良派，动言特别情形特别背影以及专恃经济变化说的投机派，以为叛逆社会党、爱国社会党，都是这些东西的产物。窃以为马克思主义的骨髓在综合革命说与进化说（Revolution et evolution）。专恃革命说则必流为感情的革命主义，专恃进化说则必流为经济的或地域的投机派主义。马克思主义所以立于不败之地者，全在综合此两点耳。马克思的学理由三点出发：在历史上发明他的唯物史观；在经济上发明他的资本论；在政治上发明他的阶级战争说。三者一以贯之，遂成为革命的马克思主义。社会革命完全为无产阶级的革命。现今全世界只有两个敌对的阶级存在，就是中产阶级与无产阶级。中产阶级以上没有第二阶级，无产阶级以下没有第三阶级。因为交通发达的结果，资本主义如水银泼地，无孔不入，故东方久已隶属于西方，农业国久已隶属于工业国，野蛮国久已隶属于文明国，而为其经济的或政治的殖民地。因此经济上的压迫，东方农业国野蛮国的无产阶级之所受较西方工业国文明国无产阶级之所受为尤重。因为西方工业国文明国的资本帝国主义常常可以掠夺一些殖民地或势力地带以和缓他本国"剩余生产""剩余劳动"的两种恐慌，而分余润于其无产阶级（贿买工头及工联领袖，略加一般劳动者的工资，设贫民学校以及可以买工人欢心的慈善事业，使工人阶级感怀恩惠）；因此西方大工业国的无产阶级常常受其资本家的贿买笼络而不自觉，社会党、劳动党中改良主义投机主义盛行，而与资本主义狼狈相倚，此所以社会革命不发生于资本集中，工业极盛，殖民地极富之英、美、法，而发于殖民地极少，工业落后之农业国俄罗斯也。因为俄罗斯在经济地位上久已隶属于西方工业国，而他那上古式的农业生产法又抵当法（小机械农业）、美（大机械农业）机器的农业生产法不住；所以农产品一入国际市场不能与法、美相竞，因此农民及无产阶级受国际的经济压迫便异常之大，加以大战破产，社会革命遂起。由此就可推论中国社会革命了。中国受国际资本帝国主义的经济压迫到了那步田地？自身的生产方法还是三代以上的，自己不能供自己的需要，五大强的商品，开始由大炮送进来；继之由本身的需要扯进来，这种经济侵略熟能御之。大机器生产品日日浩浩荡荡的输进来，于是三代以上的手工生产者一批一批的失其职业。现在中国失业人数到了那步田地？换言之，就是为经济压迫不能生活者的人数到了那步田地？我敢说一句，现在中国四万万人有三万万五千万不能生活了。到了这个地步，三万万五千万人惟有两条路走：（一）流为盗贼、土匪、流氓、痞子以至饿死、乱死、战死、争夺扰攘而死……（二）三万万五千万人公然自行提出其生死问题于中国社会，及为中国经济的主人翁五大强之前，请其依革命的意见解决。如其不能，我们恐怕免不了社会革命的命运。到了这个时候，革命之爆发乃是必然的趋势，也如自然力的雷电之爆发一样，行所必然，什么成败利钝都不会顾，什么改造的理想家、大学问家都也把持不下地。这是最大多数的生死临头问题，纵然革命的经济条件、生产条件不具足，革命后会被围困封锁而饿死，但使群众一旦觉悟，与其为盗贼、土匪、流氓、痞子而饿死、乱死、争夺扰攘而死，死得不值；毋宁为革命而战死而饿死，死得荣誉。社会革命的标准在客观的事实，而不在主观的理想，在无产阶级经济生活，被压迫被剥削的程度之深浅，及阶级觉悟的程度之深浅，而不在智识程度、道德程度之深浅。自来一般中产阶级学者或空想的社会改造家，好以他个人的头脑来支配世界，视社会改造或社会革命为几个圣贤豪杰、伟人志士、思想家、学问家的掌上珠、图案画和绣花衣，任凭他们几个人的主观理想去预定，去制造，去点缀，去修饰，去和颜配色，去装腔作势，去包揽把持，去迟早其时，去上下其手，指挥群众如此如彼的做去便是，这真愚妄极了。我敢大声唤破这种迷梦：社会革命与染有中产阶级色彩的思想家和被中产阶级学说、教育、势力薰坏的改造家全无干涉。任凭你们怎样把你们的理想学说绣得好看，雕得好玩，总与无产阶级的生死问题不能接近，不过在资本家的花园里开得好看，在资本家的翰林院内供他的御用罢了。一旦无产阶级的生死问题迫来，有如一九一七年的俄国饥民要面包，兵士要停战，工人要工厂，农人要土地，乱七八糟爆发起来，任凭那些中产阶级学者及自命为理想的改造家，凭依军阀、财阀而结为神圣同盟，也是遏制不住的。今日中国大多数的生活问题迫到了这个田地，贤人派的力量纵大，恐怕有点遏制社会革命的自然力不住！马克思的革命说完全立于客观的必然论之上，革命既是必然的，然而我们无产阶级的觉悟者何以要去唤醒同阶级的觉悟呢？（一）因为我们自身既已觉得痛苦之所由来（不由命运而完全由于私有财产制），便谗然不能终日；（二）对于同阶级的人有同病相怜的同情。（三）任其自然实现，时间延长，牺牲数量太大，无产阶级每日直接间接死于穷困者不知若干，直接间接死于战争者不知若干。若过三、五、十年再经一次世界大战，纵少又要死伤四五千万。具此三个理由，所以我们无产阶级早已痛不堪痛（今日由段祺瑞下动员令送到这个战场上去死；明日由曹锟张作霖下动员令送到那个战场上去死！天灾、人祸、穷困、死亡，日日团着我们！！！）忍不堪忍了，还论甚么革命的经济条件具足不具足？不过我们无产阶级革命，在计划上讲起来，殊有于未革命以前，做一个大大的经济变化运动之必要。这个运动怎样做呢？就是我们无产阶级社会党，应亟于各大都会组织同阶级之失业者，最下层的贫困无告者，第一步公然起来向政府论南北要求"生存权"和"劳动权"，迫令政府即向五国银团大借实业外债。第二步要求监督实业借款的用途。第三步要求产业及政治管理权。独秀先生：现在英、法、美、意的劳动运动，刚才接近第三步，还没达到目的。我们若有识力有决心，必可于最短时期突过欧、美的劳动运动。我以为社会运动为社会革命之起点，社会革命为社会运动之成熟，即综合 evolution et revolution 之意，如此才可立于不败之地，而不致流为卤莽灭裂毫无计划的感情革命主义，和审时度势坐以待毙的投机主义。我深以上列三个具体步骤，为中国社会运动，社会改造的不二法门。盖承此纷争破产之后，四五年中，资本主义必勃然而兴，与其待军阀财阀勾结五大强来巩固资本主义于中国，不如由无产阶级先发制人，取其利而避其害。盖生产之三要素，中国具二而缺一（有劳力原料而无资本），全国生命遂握于五大资本帝国之手。若我们无产阶级不先发制人之计，则必受制于人，则必坐待资本主义之来而无可如何，则必待五大强国社会革命之后，我们才能革命，那就真闷死人，真不值，真不经济了！先生！劳动解放绝不是一个地方、一个国家、一个民族的问题，乃是一个世界的社会问题，马克思社会主义乃是国际的社会主义，我们绝不要带地域的、民族的色彩。中国的阶级战争，就是国际的阶级战争。说中国没有大中产阶级，阶级战争用不著的，固然是忘记了中国在国际上的经济地位，忘记了外国资本家早已为了中国无产阶级的主人，而说中国的阶级战争就是最大多数的劳动者对于本国几个可怜的资本家的战争，也同是忘了中国在国际上的经济地位，也同是忘记了外国资本家早已为了中国无产阶级的主人。故我认定中国的阶级战争乃是国际的阶级战争。中国已经兴起了的几个资本家，和将兴起的资本阶级，不过为五大强国资本阶级的附属罢了。我认定全国人民除极少数的军阀、财阀、资本家以外，其余不是全无产阶级，就是小中产阶级，而小中产阶级就是无产阶级的候补者。你看现在中国的中产之家有几多能自给其生活，教养其子女，而不感穷困者。故以我看来，中国完全是个无产阶级的国，（大中产阶级为数极少，全无产阶级最多，半无产阶级——即中等之家——次之）；中国的资本阶级就是五大强国的资本阶级，（本国极少数的军阀、财阀、资本家附属于其中），中国的阶级战争就是国际的阶级战争。独秀先生！我是极端主张无产阶级专政的。我的主张不是主观的，乃是客观的，必然的。因为阶级战争是阶级社会必然的结果；阶级专政又是阶级战争必然的结果；不过无产阶级专政与中产阶级专政有大不同的两点：（一）中产阶级专政是永久的目的；无产阶级专政是暂时必然的手段。其目的在取消阶级。无产阶级不专政，则不能使中产阶级夷而与无产阶级为伍，同为一个权利义务平等的阶级，即不能取消阶级；不能取消阶级，世界永不能和平大同。（二）中产阶级专政假名为"德莫克拉西"；而无产阶级专政公然叫做"狄克推多"，因此便惹起一般残人的误会和反对。其实这是事有必至理有固然的，任你如何反抗，历史的过程定要如此经过的。

以上拉杂写了一长篇，请先生指正，并请交换意见。和森感国内言论沉寂，有主义、有系统的出版物几未之见（从前惟《星期评论》差善），至于各国社会运动的真情，尤其隔膜得很。甚想以我读书阅报之所得，做一种有系统、有主张、极鲜明强固的文化运动。意欲择定论机关之同趣者发表之。

　　　　　蔡和森 一九二一，二，十一
　　　　　　　　在法国蒙达尼

蔡和森先生：

我前几天回到上海才见着你的信，所以久未答复，实在抱歉之至。来信所说的问题甚大，现在只能简单说一说我的私见。

尊论所谓"综合革命说与进化说"，固然是马克思主义的骨髓，也正是有些人对于马克思主义怀疑的一个最大的要害。怀疑的地方就是：马克思一面主张人为的革命说；一面又主张唯物史观，类乎一种自然进化说，这两说不免自相矛盾。鄙意以为唯物史观是研究过去历史之经济的说明，主张革命是我们创造将来历史之最努力最有效的方法，二者似乎有点不同。唯物史观固然含着有自然进化的意义，但是他的要义并不只此，我以为唯物史观底要义是告诉我们：历史上一切制度底变化是随着经济制度底变化而变化的。我们因为这个要义底指示，在创造将来的历史上，得了三个教训：(一)一种经济制度要崩坏时，其他制度也必然要跟着崩坏，是不能用人力来保守的；(二)我们对于改造社会底主张，不可蔑视现社会经济的事实；(三)我们改造社会应当首先从改造经济制度入手。在第(一)(二)教训里面，我们固然不能忘了自然进化的法则，然同时我们也不能忘了人类确有利用自然法则来征服自然的事实，所以我们在第(三)教训内可以学得创造历史之最有效最根本的方法，即经济制度的革命。照我这样解释，马克思主义并没有什么矛盾。若是把唯物史观看做一种挨板的自然进化说，那末，马克思主义便成了完全机械论的哲学，不仅是对于历史之经济的说明了，先生以为如何？此理说来甚长，我这不过是最简单的解

释，很盼望赞成或反对马克思主义的人加以详细
的讨论。

独秀

(载《新青年》9 卷 4 号 <1921 年 8 月 1 日 >
署名：蔡和森)

图书在版编目（CIP）数据

真理的确认：蔡和森的三封书信品读 / 陈培永，田杨编著. -- 长沙：湖南人民出版社，2024.10. -- ISBN 978-7-5561-3581-3

Ⅰ. K827=6

中国国家版本馆CIP数据核字第2024DX0926号

真理的确认：蔡和森的三封书信品读

ZHENLI DE QUEREN：CAI HESEN DE SAN FENG SHUXIN PINDU

编 著 者：陈培永　田　杨

出版统筹：黎晓慧

产品经理：曾汇雯

责任编辑：陈　实　曾汇雯

责任校对：张命乔

装帧设计：萧睿子　陶迎紫

出版发行：湖南人民出版社［http://www.hnppp.com］

地　　址：长沙市营盘东路3号　　邮　编：410005　电　话：0731-82683346

印　　刷：深圳市彩之美实业有限公司

版　　次：2024年10月第1版　　　　　　印　　次：2024年10月第1次印刷

开　　本：710 mm×1000 mm　1/32　　　印　　张：4

字　　数：45千字

书　　号：ISBN 978-7-5561-3581-3

定　　价：36.00元

营销电话：0731-82683348（如发现印装质量问题请与出版社调换）